AF194696

Impressum
Verlag: BABADADA GmbH, Nedderfeld 112 , 22529 Hamburg
Geschäftsführer / Verlagsleitung: Harald Hof
Druck: Books on Demand GmbH, In de Tarpen 42, 22848 Norderstedt

Imprint
Publisher: BABADADA GmbH, Nedderfeld 112 , 22529 Hamburg, Germany
Managing Director / Publishing direction: Harald Hof
Print: Books on Demand GmbH, In de Tarpen 42, 22848 Norderstedt

deliti
除

186/2

ploča
黑板

učiona
教室

školsko dvorište
校園

nastavnik
老師

papir
紙

hemijska olovka
筆

pisaći stol
辦公桌

pisati
書寫

lenjir
直尺

knjiga
書

učenik
學生

torba

書包

pernica

鉛筆盒

grafitna olovka

鉛筆

šiljilo za olovke

削鉛筆機

gumica za brisanje

橡皮擦

blok za crtanje

畫板

crtež

圖畫

kist

畫筆

kutija sa bojama

顏料盒

makaze

剪刀

lepilo

膠水

beležnica

練習冊

domaći zadatak

家庭作業

broj

數字

sabirati

加

oduzimati

減

množiti

乘

računati

計算

slovo

字母

abeceda

字母表

reč

字

škola - 學校

3

tekst

課文

čitati

讀

kreda

粉筆

čas

上課

dnevnik

登記

ispit

考試

svedočanstvo

證書

školska uniforma

校服

obrazovanje

教育

leksikon

百科全書

univerzitet

大學

mikroskop

顯微鏡

karta

地圖

košara za papir

廢紙簍

hotel
飯店

prenoćište
青年旅社

menjačnica
外幣兌換處

kofer
手提箱

auto
汽車

jezik

語言

da / ne

是/否

okej

好的

zdravo

您好

prevodilac

翻譯人員

hvala

謝謝

Koliko košta...?

......多少錢？

ne razumem

我不明白

problem

問題

dobro veče!

晚上好！

Dobro jutro!

早上好！

Laku noć!

晚安！

doviđenja

再見

smer

方向

prtljaga

行李

torba

包

ruksak

背包

gost

客人

soba

房間

vreća za spavanje

睡袋

šator

帳篷

turističke informacije

旅行資訊

plaža

海灘

kreditna kartica

信用卡

doručak

早餐

ručak

午餐

večera

晚餐

karta za vožnju

票

lift

電梯

poštanska markica

郵票

granica

邊界

carina

海關

ambasada

大使館

viza

簽證

pasoš

護照

avion
飛機

brod
船

vatrogasno vozilo
消防車

autobus
公車

teretno vozilo
卡車

motorni čamac
汽艇

bicikl
腳踏車

auto
汽車

trajekt

渡輪

čamac

小船

motocikl

機車

policijski auto

警車

trkaći auto

賽車

iznajmljeno auto

租車

delenje automobila

拼車

vučno vozilo

拖車

vozilo za odvoz smeća

垃圾車

motor

馬達

benzin

汽油

benzinska stanica

加油站

saobraćajni znak

交通標識

saobraćaj

交通

zastoj

交通堵塞

parkiralište

停車場

železnička stanica

火車站

šine

軌道

voz

火車

tramvaj

路面電車

vagon

客車廂

helikopter

直升機

aerodrom

機場

kula

塔

putnik

乘客

kontejner

集裝箱

karton

紙板箱

kolica

手推車

korpa

籃子

uzleteti / sleteti

起飛/降落

grad

城市

selo

村莊

centar grada

市中心

kuća

房子

kino 電影院

reklama 廣告

ulična svetiljka 路燈

ulica 街道

taksi 計程車

kiosk 小吃店

pešak 行人

trotoar 人行道

pešački prelaz 斑馬線

kontejner za otpad 垃圾箱

raskrsnica 十字路口

semafor 紅綠燈

CINEMA

koliba

小屋

stan

公寓

železnička stanica

火車站

većnica

市政廳

muzej

博物館

škola

學校

univerzitet

大學

banka

銀行

bolnica

醫院

hotel

飯店

apoteka

藥房

kancelarija

辦公室

knjižara

書店

prodavnica

商店

cvećara

花店

supermarket

超市

trg

市場

robna kuća

百貨商店

ribarnica

魚店

trgovački centar

購物中心

luka

海港

park

公園

klupa

長凳

most

橋

stepenice

樓梯

podzemna železnica

捷運

tunel

隧道

autobuska stanica

公車站

bar

酒吧

restoran

餐館

poštansko sanduče

郵筒

ulični znak

路標

parkirni automat

停車計時器

zoološki vrt

動物園

bazen

游泳池

džamija

清真寺

seosko gazdinstvo

農場

zagađenje okoline

污染

groblje

墓地

crkva

教堂

igralište

操場

hram

寺廟

pejsaž

地形

list
樹葉

putokaz
指示牌

put
路

livada
草地

kamen
石頭

drvo
樹

šetač
徒步旅行
者

reka
河

trava
草

cvijet
花

dolina

峽谷

planina

丘陵

jezero

湖

šuma

森林

pustinja

沙漠

vulkan

火山

dvorac

城堡

duga

彩虹

gljiva

蘑菇

palma

棕櫚樹

moskito

蚊子

muva

蒼蠅

mrav

螞蟻

pčela

蜜蜂

pauk

蜘蛛

buba

甲蟲

žaba

青蛙

veverica

松鼠

jež

刺蝟

zec

野兔

sova

貓頭鷹

ptica

鳥

labud

天鵝

divlja svinja

野豬

jelen

鹿

los

麋鹿

nasip

水壩

vetrenjača

風力發電機

solarna ploča

太陽能電池板

klima

氣候

konobar
服務生

jelovnik
菜譜

stolica
椅子

supa
湯

pica
披薩餅

pribor za jelo
餐具

stolnjak
桌布

predjelo

前菜

glavno jelo

主菜

desert

甜點

napitci

飲料

jelo

食物

flaša

瓶子

brza hrana

速食

imbis hrana

街邊小吃

čajnik

茶壺

doza za šećer

糖盒

porcija

一份飯菜

aparat za espresso

義式咖啡機

visoka stolica

高腳椅

račun

帳單

poslužavnik

托盤

nož

刀

viljuška

餐叉

kašika

勺子

čajna kašika

茶匙

salveta

餐巾

čaša

玻璃杯

tanjir

碟子

tanjir za supu

湯盤

tanjirić

碟子

sos

醬

soljenka

鹽瓶

mlin za biber

胡椒研磨罐

sirće

醋

ulje

食用油

začini

調味料

kečap

番茄醬

senf

芥末

majoneza

美乃滋

ponuda
特價

kupac
顧客

mlečni proizvodi
乳製品

voće
水果

kolica za kupovinu
購物車

mesnica

肉鋪

pekara

麵包店

vagati

稱重

povrće

蔬菜

meso

肉

smrznuta hrana

冷凍食品

narezak

冷盤

konzerve

罐頭食品

sredstvo za pranje

洗衣粉

slatkiši

甜食

artikli za domaćinstvo

日用品

sredstva za čišćenje

清潔用品

prodavačica

銷售員

blagajna

收銀機

blagajnik

收銀員

lista za kupovinu

購物清單

vreme rada

開放時間

novčanik

錢包

kreditna kartica

信用卡

torba

袋子

plastična kesa

塑膠袋

voda

水

sok

果汁

mleko

牛奶

kola

可樂

vino

紅酒

pivo

啤酒

alkohol

酒

kakao

可可

čaj

茶

kava

咖啡

espresso

義式濃縮咖啡

cappuccino

卡布奇諾

banana

香蕉

jabuka

蘋果

narandža

柳丁

lubenica

西瓜

limun

檸檬

šargarepa

胡蘿蔔

beli luk

大蒜

bambus

竹子

luk

洋蔥

gljiva

蘑菇

orašasti plodovi

堅果

rezanci

麵條

špagete

義大利麵

riža

米飯

salata

沙拉

pomfrit

薯條

pečeni krumpir

炸馬鈴薯

pica

披薩餅

hamburger

漢堡

sendvič

三明治

šnicla

炸豬排

šunka

火腿

salama

義大利臘腸

kobasica

香腸

kokoš

雞肉

pečenje

烤肉

riba

魚

zobene pahuljice

燕麥片

musli

木斯里

kukuruzne pahuljice

玉米片

brašno

麵粉

kroasan

牛角麵包

pecivo

麵包捲

hleb

麵包

toast

吐司

keksi

餅乾

maslac

奶油

sveži sir

凝乳

kolač

蛋糕

jaje

蛋

jaje na oko

煎蛋

sir

起司

sladoled

冰淇淋

šećer

糖

med

蜂蜜

marmelada

果醬

nugat krema

巧克力醬

kari

咖哩

seoska kuća
農舍

ambar
糧倉

bale sena
稻草捆

polje
田野

konj
馬

prikolica
拖車

ždrebe
馬駒

traktor
拖拉機

magarac
驢

lane
羔羊

ovca
羊

koza

山羊

krava

奶牛

tele

小牛

svinja

豬

prase

小豬

bik

公牛

guska

鵝

patka

鴨

pilići

小雞

kokoš

母雞

petao

公雞

pacov

鼠

mačka

貓

miš

老鼠

vol

牛

pas

狗

kućica za psa

狗屋

vrtno crevo

花園澆水軟管

kanta za polivanje

澆水壺

kosa

長柄大鐮刀

plug

犁

srp

鐮刀

motika

鋤頭

viljuška za đubrivo

長柄草耙

sekira

斧頭

tačke

獨輪手推車

korito

飼料槽

posuda za mleko

牛奶罐

vreća

麻布袋

ograda

柵欄

štala

馬廄

staklenik

溫室

zemlja

土壤

seme

種子

đubrivo

肥料

kombajn

聯合收割機

žeti

收割

žetva

收割

jams začin

地瓜

pšenica

小麥

soja

大豆

krumpir

土豆

kukuruz

玉米

uljana repica

油菜籽

voćka

果樹

gomolj manioke

樹薯

žitarice

穀物

dimnjak
煙囪

krov
屋頂

žleb
落水管

prozor
窗戶

garaža
車庫

zvono
門鈴

vrata
門

korpa za otpad
垃圾桶

poštansko sanduče
信箱

vrt
花園

dnevna soba

客廳

kupaonica

浴室

kuhinja

廚房

spavaća soba

臥室

dečija soba

兒童房

trpezarija

餐廳

pod

地板

zid

牆壁

strop

天花板

podrum

地窖

sauna

三溫暖

balkon

陽臺

terasa

露臺

bazen

游泳池

kosilica za travu

割草機

posteljina za krevet

被單

deka za krevet

床罩

krevet

床

metla

掃帚

kanta

水桶

prekidač

開關

tapeta
壁紙

slika
相片

svetiljka
檯燈

regal
擱架

ormar
櫥櫃

kamin
壁爐

televizija
電視

cvijet
花

jastuk
墊子

kauč
沙發

vaza
花瓶

daljinski upravljač
遙控器

tepih

地毯

zavesa

窗簾

sto

餐桌

stolica

椅子

stolica za njihanje

搖椅

fotelja

扶手椅

knjiga

書

deka

毯子

dekoracija

裝飾品

drvo za ogrev

木柴

film

電影

hi-fi uređaj

高傳真音響

ključ

鑰匙

novine

報紙

slika na platnu

油畫

poster

海報

radio

收音機

blok za pisanje

筆記本

usisivač

吸塵器

kaktus

仙人掌

sveća

蠟燭

frižider
冰箱

mikrotalasna rerna
微波爐

kuhinjska vaga
廚房秤

toaster
烤麵包機

sredstvo za čišćenje
洗潔精

rerna
烤箱

pretinac za zamrzavanje
冰櫃

korpa za otpad
垃圾桶

mašina za pranje suđa
洗碗機

šporet

炊具

lonac

鍋

gvozdeni lonac

鑄鐵鍋

wok / kadai

炒鍋

tava

平底鍋

kuvalo za vodu

水壺

kuvalo na paru

蒸鍋

lim za pečenje

烤盤

posuđe

陶瓷鍋

čaša

馬克杯

posuda

碗

štapići za jelo

筷子

kutlača

長柄勺

lopatica

鏟子

penjača

攪拌器

sito za kuvanje

濾網

sito

篩子

ribež

磨碎機

mužar

研缽

roštilj

燒烤

ognjište

明火

daska

菜板

oklagija

擀麵杖

vadičep

開瓶器

konzerva

罐子

otvarač konzervi

開罐器

krpa za lonac

隔熱手套

sudoper

水槽

četka

刷子

sunđer

海綿

mikser

攪拌機

zamrzivač

冷藏箱

flašica za bebe

奶瓶

slavina za vodu

水龍頭

grejanje
供暖裝置

tuš
淋浴

peškir
毛巾

zavesa za tuš
浴簾

penušava kupka
泡沫浴

kada
浴缸

čaša
玻璃杯

mašina za pranje veša
洗衣機

slavina za vodu
水龍頭

pločice
瓷磚

tuta
便壺

sudoper
水槽

toalet

廁所

čučavac

蹲便器

bidet

坐浴器

pisoar

小便斗

toaletni papir

廁紙

četka za toalet

馬桶刷

četkica za zube

牙刷

pasta za zube

牙膏

konac za zube

牙線

prati

洗

tuš ručica

手持式蓮蓬頭

tuš za pranje intimnih delova

沖洗器

lavor

洗臉盆

četka za pranje leđa

洗背刷

sapun

肥皂

gel za tuširanje

沐浴露

šampon

洗髮乳

krpa za pranje

法蘭絨

odvod

排水

krema

乳霜

dezodorans

除臭劑

ogledalo

鏡子

kozmetičko ogledalo

手鏡

brijač

刮鬍刀

pena za brijanje

刮鬍泡沫

losion za posle brijanja

鬍後水

češalj

梳子

četka

刷子

fen za kosu

吹風機

sprej za kosu

噴髮定型劑

makeup

化妝品

ruž za usne

唇膏

lak za nokte

指甲油

vata

化妝棉

makaze za nokte

指甲剪

parfem

香水

kozmetička torbica

洗漱包

stolica

凳子

vaga

計重秤

ogrtač

浴袍

rukavice za čišćenje

橡膠手套

tampon

衛生棉條

uložak

衛生棉

hemijski toalet

化學廁所

budilnik
鬧鐘

plišana igračka
毛絨玩具

auto igračka
玩具車

zvečka
撥浪鼓

kućica za lutke
玩具屋

poklon
禮物

balon

氣球

krevet

床

dječija kolica

嬰兒車

igra s kartama

撲克牌

slagalica

拼圖

strip

漫畫

lego kockice

樂高積木

kockice za slaganje

積木玩具

akcioni junak

公仔

benkica za bebe

嬰兒服

frizbi

飛盤

viseće igračke

床鈴玩具

društvene igre

棋盤遊戲

kocka

骰子

minijaturna željeznica

火車模型

duda

安撫奶嘴

zabava

派對

slikovnica

繪本

lopta

球

lutka

洋娃娃

igrati

玩

pješčanik

沙坑

ljuljačka

鞦韆

igračka

玩具

konzola za igre

電玩遊戲

tricikl

三輪車

tedi

泰迪熊

ormar

衣櫃

odeća

衣服

kratke čarape

襪子

čarape

長襪

hulahopke

緊身褲

šal
圍巾

kišobran
雨傘

majica
T恤

kaiš
皮帶

čizme
靴子

papuče
拖鞋

patike
運動鞋

sandale
涼鞋

cipele
鞋

gumene čizme
雨靴

gaćice
內褲

grudnjak
胸罩

potkošulja
背心

bodi

身體

pantalone

褲子

farmerke

牛仔褲

suknja

短裙

bluza

女式襯衫

košulja

襯衫

džemper

套頭衫

džemper s kapuljačom

連帽上衣

sako

西裝夾克

jakna

夾克

kaput

外套

kabanica

雨衣

kostim

套裝

haljina

連衣裙

venčanica

婚紗

odelo

西裝

spavaćica

睡袍

pidžama

睡衣

sari

莎麗

marama za glavu

頭巾

turban

包頭巾

burka

波卡

kaftan

卡夫坦

abaja

(阿拉伯式)長袍

kupaći kostim

泳衣

kupaće gaćice

男式泳褲

kratke pantalone

短褲

odeća za trening

運動服

kecelja

圍裙

rukavice

手套

dugme

鈕扣

naočare

眼鏡

narukvica

手鏈

ogrlica

項鍊

prsten

戒指

naušnica

耳環

kapa

便帽

vešalica

衣架

šešir

帽子

kravata

領帶

patent zatvarač

拉鍊

kaciga

安全帽

naramenice

背帶

školska uniforma

校服

uniforma

制服

odeća - 衣服

podbradak
....
圍兜

duda
....
安撫奶嘴

pelena
....
尿布

server
伺服器

ormar za spise
檔案櫃

štampač
印表機

monitor
螢幕

papir
紙

pisaći stol
辦公桌

miš
滑鼠

mapa
資料夾

tastatura
鍵盤

košara za papir
廢紙簍

stolica
椅子

kompjuter
電腦

šalica za kavu
....
咖啡杯

kalkulator
....
計算機

internet
....
網際網路

laptop

筆記型電腦

pismo

信件

poruka

簡訊

mobilni telefon

行動電話

mreža

網路

uređaj za kopiranje

影印機

softver

軟體

telefon

電話

utičnica

插座

faks

傳真機

formular

表格

dokument

檔案

kupovati
買

platiti
付錢

trgovati
交易

novac
現金

USD

dolar
美元

EUR

evro
歐元

JPY

jen
日元

RUB

rublja
盧布

CHF

švajcarski franak
瑞士法郎

CNY

renmindbi juan
人民幣

INR

rupija
盧比

automat za novac
提款處

menjačnica

外幣兌換處

zlato

金

srebro

銀

nafta

石油

energija

能源

cena

價格

ugovor

合約

porez

稅金

deonica

股票

raditi

工作

službenik

職員

poslodavac

老闆

fabrika

工廠

prodavnica

商店

policajac
警官

vatrogasac
消防員

kuvar
廚師

lekar
醫師

pilot
飛行員

vrtlar

園丁

stolar

木匠

krojačica

裁縫

sudija

法官

hemičar

化學家

glumac

演員

vozač autobusa

公車司機

vozač taksija

計程車司機

ribar

漁夫

čistačica

清洗女工

krovopokrivač

屋頂工

konobar

服務生

lovac

獵人

slikar

畫家

pekar

麵包師

električar

電工

građevinski radnik

建築工人

inženjer

工程師

mesar

屠夫

limar

水管工

poštar

郵差

vojnik

士兵

arhitekta

建築師

blagajnik

收銀員

cvećar

花農

frizer

理髮師

kondukter

售票員

mehaničar

機械技師

kapetan

船長

zubar

牙醫

naučnik

科學家

rabi

拉比

imam

伊瑪目

monah

和尚

svećenik

牧師

čekić
鐵錘

klešta
鉗子

odvijač
螺絲起子

ključ za zavrtnje
扳手

džepna lampa
手電筒

bager

挖掘機

kutija za alat

工具箱

merdevine

梯子

pila

鋸子

ekser

釘子

bušilica

鑽機

popraviti

修

lopata

鏟子

do đavola!

糟糕！

lopatica

畚箕

lonac za boju

油漆桶

zavrtanji

螺絲

muzički instrument
樂器

zvučnik
揚聲器

bubnjevi
打擊樂器

gitara
吉他

kontrabas
低音提琴

truba
小號

klavir

鋼琴

violina

小提琴

bas

貝斯

timpani

定音鼓

udaraljke za bubnjeve

鼓

tipke klavira

電子琴

saksofon

薩克斯風

flauta

長笛

mikrofon

麥克風

tigar
老虎

ulaz
入口

kavez
籠子

zebra
斑馬

hrana za životinje
動物飼料

panda
熊貓

životinje

動物

slon

大象

kengur

袋鼠

nosorog

犀牛

gorila

大猩猩

medved

熊

kamila

駱駝

noj

鴕鳥

lav

獅子

majmun

猴子

flamingo

紅鶴

papagaj

鸚鵡

polarni medved

北極熊

pingvin

企鵝

ajkula

鯊魚

paun

孔雀

zmija

蛇

krokodil

鱷魚

čuvar u zoološkom vrtu

動物園管理員

tuljan

海豹

jaguar

美洲豹

poni

矮種馬

leopard

豹

nilski konj

河馬

žirafa

長頸鹿

orao

老鷹

divlja svinja

野豬

riba

魚

kornjača

龜

morž

海象

lisica

狐狸

gazela

羚羊

američki nogomet
橄欖球

biciklizam
騎腳踏車

tenis
網球

košarka
籃球

plivanje
游泳

boks
拳擊

hokej na ledu
冰球

fudbal

美式足球

badminton

羽毛球

atletika

田徑

rukomet

手球

skijanje

滑雪

polo

馬球

skočiti
跳

smejati se
笑

zagrliti
擁抱

ići
走路

pevati
唱

sanjati
做夢

moliti se
祈禱

poljubiti
親吻

pisati	crtati	pokazati
書寫	畫	展示
gurati	dati	uzeti
推	給	拿

imati

有

činiti

做

biti

當

stojati

站

trčati

跑

povlačiti

拉

baciti

丟

padati

摔倒

ležati

躺

čekati

等待

nositi

攜帶

sediti

坐

oblačiti

穿衣

spavati

睡覺

probuditi se

醒來

gledati

看

plakati

哭

milovati

撃

češljati

梳頭

govoriti

交談

razumeti

明白

pitati

問

slušati

聽

piti

喝

jesti

吃

pospremiti

清理

voleti

愛

kuhati

做飯

voziti

開車

leteti

飛

ploviti

航行

računati

計算

čitati

讀

učiti

學習

raditi

工作

venčati se

結婚

šiti

縫

prati zube

刷牙

ubiti

殺

pušiti

抽菸

poslati

寄

baka
祖母

deda
祖父

otac
父親

majka
母親

beba
嬰兒

kćerka
女兒

sin
兒子

gost

客人

tetka

阿姨

ujak, stric

叔叔

brat

兄弟

sestra

姐妹

čelo
前額

oko
眼睛

rame
肩膀

prst
手指

lice
臉

brada
下巴

ruka
手

grudi
乳房

noga
腿

ruka
手臂

beba

嬰兒

muškarac

男人

žena

女人

devojčica

女孩

dečak

男孩

glava

頭

leđa

背部

stomak

肚子

pupak

肚臍

nožni prst

腳趾

peta

腳後跟

kost

骨頭

kukovi

臀部

koleno

膝蓋

lakat

手肘

nos

鼻子

zadnjica

屁股

koža

皮膚

obraz

臉頰

uvo

耳朵

usna

嘴唇

telo - 身體

usta

嘴

zub

牙齒

jezik

舌頭

mozak

腦

srce

心臟

mišić

肌肉

pluća

肺

jetra

肝臟

želudac

胃

bubrezi

腎臟

polni odnos

性交

kondom

保險套

jajna ćelija

卵子

sperma

精子

trudnoća

懷孕

menstruacija

月事

vagina

陰道

penis

陰莖

obrva

眉毛

kosa

頭髮

vrat

脖子

bolnica
醫院

bolničko vozilo
急救車

invalidska kolica
輪椅

lom
骨折

lekar

醫師

hitna medicinska služba

急診室

medicinska sestra

護理師

hitni slučaj

緊急情形

nesvest

昏迷

bol

痛

povreda

受傷

krvarenje

出血

srčani udar

心臟病發作

udar

中風

alergija

過敏

kašalj

咳嗽

groznica

發燒

gripa

流感

proliv

腹瀉

glavobolja

頭痛

rak

癌症

dijabetes

糖尿病

hirurg

外科醫師

skalpel

手術刀

operacija

手術

ct

電腦斷層掃描

rentgen

X光

ultrazvuk

超音波

maska

口罩

bolest

疾病

čekaona

候診室

štaka

拐杖

flaster

石膏

zavoj

繃帶

injekcija

注射

stetoskop

聽診器

nosila

擔架

termometar

體溫計

rođenje

出生

prekomerna težina

超重

slušni aparat

助聽器

sredstvo za dezinfekciju

消毒液

infekcija

感染

virus

病毒

HIV / AIDS

愛滋病

medicina

藥物

vakcinacija

接種疫苗

tablete

藥片

pilula

藥丸

hitni poziv

急救電話

uređaj za merenje pritiska

血壓計

bolesno / zdravo

生病/健康

pomoć!

救命！

alarm

警報

nasrtaj

突擊

napad

攻擊

opasnost

危險

izlaz u slučaju nužde

緊急出口

požar!

失火了！

protivpožarni aparat

滅火器

nezgoda

意外

kutija prve pomoći

急救箱

sos

呼救訊號

policija

員警

Evropa

歐洲

Severna Amerika

北美洲

Južna Amerika

南美洲

Afrika

非洲

Azija

亞洲

Australija

澳洲

Atlantik

大西洋

Pacifik

太平洋

Indijski okean

印度洋

Antarktički okean

南冰洋

Arktički ocean

北冰洋

Severni pol

北極

Južni pol
....
南極

Antarktik
....
南極洲

zemlja
....
地球

zemlja
....
陸地

more
....
海

otok
....
島

nacija
....
國家

država
....
州

brojčanik sata

錶盤

satna kazaljka

時針

minutna kazaljka

分針

sekundna kazaljka

秒針

Koliko je sati?

現在幾點？

dan

天

vreme

時間

sada

現在

digitalni sat

電子錶

minuta

分

čas

時

ponedeljak 週一
MO

sreda 週三
W

petak 週五
FR

TU
utorak 週二

TH
subota 週六

SA

SO

četvrtak 週四

nedelja 週日

juče
....
昨天

danas
....
今天

sutra
....
明天

jutro
....
早晨

podne
....
中午

veče
....
晚上

radni dani
....
工作日

vikend
....
週末

kiša
雨

duga
彩虹

vetar
風

sneg
雪

proleće
春

jesen
秋

leto
夏

zima
冬

meteorološka prognoza

天氣預告

termometar

溫度計

sunčana svetlost

陽光

oblak

雲

magla

霧

vlažnost vazduha

潮濕

munja

閃電

grmljavina

打雷

oluja

風暴

tuča

冰雹

monsun

季風

poplava

洪水

led

冰

januar

一月

februar

二月

mart

三月

april

四月

maj

五月

juni

六月

juli

七月

avgust

八月

septembar
....
九月

oktobar
....
十月

novembar
....
十一月

decembar
....
十二月

krug
....
圓形

kvadrat
....
正方形

pravougao
....
長方形

trougao
....
三角形

kugla
....
球體

kocka
....
立方體

bela

白

žuta

黃

narandžasta

橙

ružičasta

粉

crvena

紅

ljubičasta

紫

plava

藍

zelena

綠

smeđa

棕

siva

灰

crna

黑

mnogo / malo

很多/少許

ljutito / mirno

生氣/平靜

lepo / ružno

美/醜

početak / kraj

首/尾

veliko / maleno

大/小

svetlo / tamno

明/暗

brat / sestra

兄弟/姐妹

čisto / prljavo

乾淨/骯髒

potpuno / nepotpuno

完整/缺失

dan / noć

白天/晚上

mrtvo / živo

死/生

široko / usko

寬/窄

jestivo / nejestivo

可食用/非食用

zlo / dobro

邪惡/善良

uzbuđeno / dosadno

興奮/無聊

debelo / mršavo

胖/瘦

na početku / na kraju

第一/最後

prijatelj / neprijatelj

朋友/敵人

puno / prazno

滿/空

tvrdo / mekano

硬/軟

teško / lagano

重/輕

glad / žeđ

餓/渴

bolesno / zdravo

生病/健康

ilegalno / legalno

非法/合法

pametno / glupo

聰明/愚笨

levo / desno

左/右

blizu / daleko

近/遠

novo / polovno

新/舊

ukljućeno / isključeno

開/關

otvoreno / zatvoreno

打開/闔上

staro / mlado

老/幼

ništa / nešto

沒有/有些

tiho / glasno

安靜/吵鬧

bogato / siromašno

富/窮

tačno / pogrešno

對/錯

hrapavo / glatko

粗糙/光滑

tužno / sretno

傷心/高興

kratko / dugo

短/長

polako / brzo

慢/快

mokro / suho

濕/乾

toplo / hladno

溫暖/涼爽

rat / mir

戰爭/和平

0

nula

零

1

jedan

一

2

dva

二

3

tri

三

4

četiri

四

5

pet

五

6

šest

六

7

sedam

七

8

osam

八

9

devet

九

10

deset

十

11

jedanaest

十一

12
dvanaest
十二

13
trinaest
十三

14
četrnaest
十四

15
petnaest
十五

16
šestnaest
十六

17
sedamnaest
十七

18
osamnaest
十八

19
devetnaest
十九

20
dvadeset
二十

100
stotinu
百

1.000
hiljadu
千

1.000.000
milion
百萬

engleski

英語

američki engleski

美式英語

mandarinski kineski

普通話

hindski

印地語

španski

西班牙語

francuski

法語

arapski

阿拉伯語

ruski

俄語

portugalski

葡萄牙語

bengalski

孟加拉語

nemački

德語

japanski

日語

ja

我

ti

你

on / ona / ono

他/她/它

mi

我們

vi

你們

oni

他們

Ko?

誰？

Šta?

什麼？

Kako?

如何？

Gde?

何處？

Kada?

何時？

ime

名字

iza

後面

u

裡面

ispred

前面

preko

上方

na

上面

ispod

下麵

pored

旁邊

između

中間

mesto

地點